Oppaiden valtakunta

Oppaiden valtakunta

Äiti Marian opetukset
osa II

Karmen Shi Englan

Valmistaja:
Books on Demand GmbH, Norderstedt, Saksa /

Kustantaja:
Books on Demand GmbH, Helsinki, Suomi

Kannen kuva:
Shi Asseri

Julkaistu yhteistyössä
BioforceCenter association ry:n kanssa.

Ensimmäinen painos

ISBN-13: 978-952-498-105-7

Sisällysluettelo

Karmen Shi Englan 7

Sielun matka 9

Oppaan alkusanat 11

Äiti Marian johdanto 14

Oppaana elämisen taito 17

Yhteys omaan oppaaseen 21

Rakkautta vai vihaa, sen päätät itse 24

Riitatilanteet 27

Sielun sopimuksien opas 28

Sovinnon rukous 30

Ennustamisen vaikeus 32

Maailman rakkaus 34

Itsensä tuomitseminen 36

Työn mielekkyys 39

Työn oppaat 42

Toiveiden toteuttaminen 45

Talousopas 46

Pyydä ja sinulle annetaan 51

Uskon vahvistaminen 54

Rakkauden ja yltäkylläisyyden aika 59

Karmen Shi Englan

Minä olen Karmen Shi Englan ja annan teille nyt kanavoitua tietoa, joka tulee suurilta oppailtani rajantakaisesta maailmasta. Ja oppaani ovat yksi suuri sielujen kokonaisuus, joka korkeana välittää kauttani tietoa ihmissuhdeasioista. Ja minulla on suuri kunnia olla tämän tiedon välittäjänä.

Ja minä Karmen Shi Englan olen saanut tämän oppaiden kanavoiman tiedon välityksellä paljon apua myös omiin ihmissuhdeongelmiini. Ja pyydänkin nyt teitä avaamaan sielunne avoimiksi kuulemaan viisaiden rajantakaisten auttajien antamalle tiedolle, sillä sen avulla jokainen voi paremmin ymmärtää omia ongelmiaan omissa ihmissuhdesotkuissaan.

Ja ei ole ongelmaa jolle ei olisi järjellä ymmärrettävää vastausta Jumalan valtakunnassa, mutta maapallolla asustaessa me elämme erillisyyden harhassa, jossa me emme voi ymmärtää asioita Jumalallisesta näkökulmasta, vaan me katselemme asioita sokeina muihin nähden ja roikumme harhaisessa egojemme maailmassa, jolloin vain ja ainoastaan olemassa oleva minuus on tärkeää ja ykseys on toisarvoista. Mutta kun tämän kirjan opastuksen avulla siirrämme tietoisuutemme hetkittäin ykseyden näkökulmaan, niin voimme helposti ymmärtää sellaisia ihmissuhteisiin liittyviä kysymyksiä, joita muuten emme voisi ymmärtää. Ja tärkeätä olisikin aina silloin tällöin pyrkiä ajattelemaan asioita ykseyden näkökulmasta, sillä jos ajattelemme vain erillisyyden harhoja, niin elämä on tuskallista täynnä mustasukkaisuutta ja katkeruutta.

Joten nyt nauttikaa tämän kirjan antamasta ykseyden viisaudesta ja oppikaa rakastamaan ilman erillisyyden antamaa harhamaailman epätodellisuutta.

Hyviä lukuhetkiä sinulle rakas oppilaamme.

-Karmen Shi Englan-

Sielun matka

On ollut monia
vaiheita elämässäsi,
vaan yksi on ylitse muiden.

Ja se on se vaihe,
jota kutsut syntymäksi,
vaikka se on vain yksi vaihe
sinun sielusi matkalla.

Sillä ei ole sielulla
syntymää eikä kuolemaa,
vaan sielu on ja vaeltaa
ikuisuudesta autuuteen
ja jälleen maan päällä tuo käy.

Mutta aina on hän turvassa,
sillä hän on osa Jumalaa
ja loistaa kirkkaudellaan.

9

Siks ole aina tietoinen,

että paha et sä ole,

vaikka välillä tuntuu siltä,

kun rakkaudeton olet.

Vaan se ei ole totta,

vaan aina rakastat,

sillä se on mahdotonta,

ettet rakastaisi,

vaan aina olet täynnä

Jumalan rakkautta.

Oppaan alkusanat

Kaikki mitä maapallolla on ja tapahtuu loistaa meille rajantakaisille auttajille pyhänä rakkauden valona. Me emme voi olla teihin yhteydessä, niin kuin te haluaisitte, kuten jo on huomattu, mutta jos te pyydätte Jumalalta tapaa, jolla te voisitte olla meihin yhteydessä, niin silloin Jumala sen teille voi antaa.

Ja on sellainen käsitys siellä maanpäällä, että me rajan toisella puolella emme enää voisi muuta kuin olla yhtä autuudessa, mutta niin ei suinkaan ole, vaan me voimme jatkaa sielun elämää aina maanpäältä rajan toiselle puolelle ja sieltä taasen takaisin.

Mutta halutessamme me voimme myös jäädä rajan tälle puolelle ja auttaa teitä ihmisiä elonne maanpäällä helpommaksi elää. Ja myös muita mahdollisuuksia on kuten se, että me nostamme sielumme tasoa erilaisilla lupauksilla ja teoilla mitä me voimme rajan takana suorittaa.

Myös paljon paljon muuta mahtuu sielun ikuiseen vaellukseen, mutta se on niin laaja kokonaisuus, että on hyvä perehtyä niistä osa-alueista vain nyt yhteen ja se on sellainen kokonaisuus, jossa me sielut toimimme rajantakaisina oppaina teille ihmisille maanpäällä. Ja se on sellainen osakokonaisuus, jolla sielu voi nostaa kehitystasoaan, mutta se on myös osakokonaisuus, joka on helppo ja paljon rakkautta antava, joten moni sielu haluaa toimia oppaina ihmisille, kun maanpäällinen elämä on taas kerran ohitse.

Ja yksi asia nousee tässä asiassa muiden yläpuolelle ja se on se asia, että kun toimii oppaana, niin silloin tulee olla täysin puhdistautunut kaikesta maallisesta mammonasta. Jolla nyt tarkoitan sitä, että kun ihminen kuolee, niin hänen tulee ensin puhdistautua maapallolla eletyn elämän tuomista ajatusharhoista ennen kuin hän voi ryhtyä oppaaksi.

Ja se taasen tarkoittaa ajanjaksoa sielun elämässä, jossa sielu käy kokemuksiaan läpi elämänsä päätyttyä. Ja niitä kokemuksia käydään läpi ensin oman oppaan kanssa ja sitten myöhemmin vielä oman itsensä ja vielä Jumalan kanssa.

Joten ihan heti kuoltuaan ihminen ei voi oppaaksi ryhtyä vaan tarvitaan aika, jona siihen valmistaudutaan ja sitä me rajantakaiset auttajat kutsumme sielun puhdistautumisajaksi. Ja siihen liittyy myös monia eri kohtia, mutta nekin sivuutetaan tässä kirjassa, koska sekin on laaja-alainen kokonaisuus.

Joten tämä kirja kattaa vain sen tiedon, jossa kerrotaan oppaana olemisesta ja siitä miten me oppaat voimme ihmisiä auttaa.

Ja annetaan myös keinoja siihen miten te ihmiset voisitte parhaiten oppaiden avulla edetä elämässänne. Joten nauttikaa lukuhetkistä meidän oppaiden sanojen saattelemana.

Rakkaudella yksi oppaistanne.

Äiti Marian johdanto

On ollut puheita siitä, että kuinka Jumala voisi olla olemassa, jos on niin paljon pahalta tuntuvia asioita maailmassa. Mutta kuten jo viime kirjassa opimme, niin syntiä ja pahuutta ei ole, vaan on vain sopimukset, jotka teimme ennen syntymäämme Jumalan ja muiden sielujen kanssa, jotta voitaisiin kokea erilaisia asioita kuten murhan tuoma tuska jne.

Mutta mitä ihmissielut muka voisivat siitä hyötyä, että aina vain sovimme sellaisista kärsimyksistä? Ja nyt kerron teille siitä asiasta, että miten todella ihmissielut voivat siitä hyötyä.

Eli kun sielu sopii muiden sielujen kanssa kärsimyksistään, kuten myös iloistaan, niin siten saadaan aikaan elämä, jossa on monia eri tunteita, jolloin ihminen voi kokea elävänsä. Mutta ilman niitä kokemuksia tuota elämää ei voisi kokea, vaan olisi pelkkä puuduttava autuus.

Ja sitten on sekin asia, että jos ei olisi vaihtoehtoja, niin se ei olisi pidemmän päälle kovin kummoista elämää. Mutta koska ihmisille on annettu vapaat kädet valita eri vaihtoehtojen välillä, niin silloin elämä tuntuu mielekkäältä.

14

Ja sitten on vielä niin, että kun ihminen voi vapaasti valita aina sen kulloisenkin valintansa siten kuin itse haluaa, niin silloin elämään tulee sielun tasollakin mielekkyyttä. Eli jos ihminen eläessään valitsee enemmän niitä kaikkein rakkaudellisimpia vaihtoehtoja, niin silloin myös hänen sielun tasonsa nousee ylemmäs.

Mutta tosin opimme myös aiemmin, että sielun tasoa ei voi milloinkaan laskea, vaikka emme aina valitsisikaan kaikkein rakkaudellisimpia valintoja, vaan sielun taso pysyy joko samana tai sitten se nousee korkeammalle eli lähemmäs Jumalaa.

Ja vielä yhden asian opimme, että sielu on aina olemassa ja että se syntyy aina uudelleen ollen aina elämien välillä autuuden tilassa, jossa ei voi olla kokemuksellisia tunteita, vaan ainoastaan ja vain rakkaus ja sen tuoma rauhan tunne, joka ajan myötä tuntuu turhauttavalta.

Ja silloin, kun ollaan autuudessa, niin silloin on mahdollista valita jälleen erilaisia asioita ja niistä nyt käymme läpi sitä osaa, jolla ihmissielu voi sielun tasoaan helpoiten nostaa. Eli se on sellainen ihmisten ja muiden ihmissielujen oppaana oleminen. Ja oppaat antavat tämän kirjan avulla teille tietoa oppaana olemisesta ja siitä, miten te ihmiset voitte oppaiden avulla edetä elämässänne helpommin, sillä oppaat auttavat aina kun voivat, mutta oppaat eivät voi auttaa, jos heiltä ei apua pyydä.

15

Joten tämä kirja opastaa teitä ihmisiä myös siinä asiassa, että miten ihmiset voivat oppailta apua pyytää. Ja nyt ensimmäisenä teille esittäytyy opas, joka toimii ihmissuhteiden oppaana.

Ole hyvä rakas ihmissuhdeoppaamme.

Oppaana elämisen taito

Kuinka paljon onkaan asioita, joista te ihmiset ette vielä tiedä. Ja niin paljon on myös sellaista tietoa, jota teiltä puuttuu, jotta voisitte elää helpommin siellä maapallon erillisyydessä.

Ja on vain yksi asia, jonka te nyt olette varmasti oppineet ja se on se, ettei sielu voi koskaan kuolla vaan sielu on rajattomasti elävä olento, joka syntyy aina uudestaan, sitten kuolee ja siirtyy rajan tälle puolen ja halutessaan syntyy taasen tai sitten toimii sieluna rajan tällä puolen.

Mutta te ette tiedä sen enempää kuin ettei ole kuolevaa sielua ja muu onkin hämärän peitossa. Ja niin on tarkoituskin, että te ette muista rajantakaista sielun elämää sillä jos te sen muistaisitte, niin silloin te ette voisi rauhassa täysipainoisesti elää elämänne kokemuksien maailmassa.

Mutta nyt on aika perehtyä yhteen asiaan sielun taipaleella ja se on oppaana elämisen taito. Ja tuo taito vaatii opettelua, sillä sekin on sielun opittava. Eikä sekään ole itsestään selvä asia, että jokainen sielu siihen toimeen voisi ryhtyä vaan jokaisen sitä haluavan sielun on ensin tyhjennettävä ajatusmaailmastaan kaikki maapallolla opitut harhaiset ajatustavat.

Ja sitä me kutsumme täällä rajan takana sielun puhdistamisprosessiksi, joka tehdään aina kuoleman jälkeen.

Ja kun tuo puhdistautumisprosessi on käyty läpi, niin sen jälkeen tulee aika, jona sielu keskustelee Jumalan kanssa siitä, miten hän voisi edetä parhaiten sielun kehityksessään.

Ja yhtenä vaihtoehtona on tuolloin ryhtyä oppaaksi ihmisille, mutta on myös paljon muita vaihtoehtoja. Oppaaksi ryhtyminen on kuitenkin niitä helpoimpia tapoja viedä sielun kehitystasoa ylöspäin ja siksi moni sielu valitsee tehtäväkseen jonkun ihmisen oppaana toimimisen.

Mutta sekään ei ole itsestään selvää, että kenen oppaaksi kukin sielu voi ryhtyä, sillä jos ihmiseksi syntynyt sielu on hyvin korkea sielu, niin sellaisella ihmisellä tulee olla myös hyvin korkeatasoinen opas. Eli kukaan eikä yksikään sielu voi ryhtyä oppaaksi sielulle, joka on korkeampi sielun tasoltaan kuin sielu itse. Eli tämä on aina ennalta määrätty, että kuka voi toimia kenenkin oppaana.

Mutta jos sielun tasot ovat oikeassa suhteessa, niin silloin voi valita niistä vaihtoehdoista, että kenen oppaaksi haluaa ryhtyä. Ja se on taasen siitä asiasta kiinni, että opas ja syntyvä sielu keskustelevat asiasta keskenään ja myös Jumalan kanssa, että kenen kannattaa ryhtyä kenenkin oppaaksi.

18

Ja siihen vaikuttavat sukulaisuussuhteet, mutta myös syntyvän sielun maapallolla suoritettavaksi tarkoitetut sopimukset, joilla sielu tulee tehtäviään maapallolla suorittamaan.

Ja monta kertaa onkin niin, että oppaalla itsellään on ollut samankaltaisia elämiä takanaan, jolloin oppaana on helppo opastaa syntyvää sielua omalla maanpäällisellä vaelluksellaan. Ja myös se vaikuttaa asiaan, että jos opas on jo aiemmin jotakin sielua maanpäällä aiemmin opastanut, niin se auttaa opasta toimimaan sen kaltaisissa opastustilanteissa vanhan aiemmin opitun tavan mukaan.

Eli on niin, että aina kun sielu ryhtyy oppaaksi, hän käyttää opastuksessaan apunaan jo aiemmin opittuja tapoja ja keinoja aiempiin kokemuksiin perustuen. Ja toisaalta oppaat käyttävät apunaan myös omien jälleensyntymiensä muistia, joka auttaa oppaita ymmärtämään maapallon erillisyyden harhan kokemuksia.

Ja vielä on sellainenkin asia, että jos opas ottaa itselleen monien ihmisten opastamisen samanaikaisesti, niin silloin oppaalla on enemmän työtä, mutta tuolloin myös hänen sielun tasonsa voi nousta kerralla korkeammalle. Ja vielä on niinkin, ettei oppaan aina tarvitse valita tiettyjä opastettavia ihmissieluja vaan hän voi toimia oppaana jonkin tietyn asian suhteen. Eli esimerkiksi tietyt säännöt, joita ihmiset ovat saaneet rajan takaa, ovat oppaiden ihmisille antamia. Ja tällaiset säännöt muotoilevat ihmisen omatunnon.

Ja jos näitä oppaita ei suostu kuuntelemaan, niin tuolloin on tavallaan ilman minkäänlaista omatuntoa, jolloin ihminen voi tehdä todella pahalta tuntuvia asioita, jotka kylläkin ovat jo aiemmin sovittuja tekoja, ennen syntymää sovittuja, mutta ne eivät ole sielun tasoa nostavia tekoja vaan tekoja, joiden avulla joku toinen ihmissielu voi oppia tai kokea jotakin tärkeää kuten sen, että Jumalan rakkaus on ehdottoman tärkeä asia.

Ja niinkin on, että kun omatunnon oppaita kuuntelee, niin silloin voi omaa sielun tasoaan helposti nostaa sillä omantunnon oppaat toimivat suoraan Jumalan ohjaamina, jolloin mitään väärää tietoa ei voi tätä kautta saada vaan kaikki omantunnon oppaat antavat ohjeita suoraan ykseyden totuudesta lähtöisin.

Ja nyt jatkamme seuraavan osakokonaisuuden puitteissa.

Yhteys omaan oppaaseen

Nyt kun olette tutustunut jo vähän siihen, mitä henkioppaat tekevät on hyvä aloittaa se, mikä tämän kirjan tarkoitus on eli tutustuttaa teidät teidän omiin oppaisiinne.

Ja se onnistuu parhaiten siten, että meditoitte hiljaa ja pyydätte oppaita luoksenne. Ja sitten kun on sopiva tunne siitä, että te olette suojassa muilta energioilta, teidän on helppo olla yhteydessä omaan oppaaseenne.

Eli nyt neuvon teitä etenemään siten, että te otatte itsellenne nyt rauhallisen paikan ja hyvän istuma-asennon. Ja laitatte jalkapohjat lattiaan, jotta maadoitukseen vaadittava yhteys säilyy. Ja sitten otatte sellaista rauhallista luonto tai muuta rauhallista musiikkia taustalle. Ja sitten vain rauhoitutte ja rentoudutte. Ja seuraavaksi voitte sulkea silmänne ja ajatella että teidän kaikki murheenne poistuvat.

Ja sitten otatte muutaman vedon henkeä kuvitellen hengittävänne vaaleanpunaista rakkausenergiaa kaikkialle kehoonne. Ja sitten kuvittelette kuinka tuo vaaleanpunainen energia leviää kaikkialle kehoonne.

21

Ja sitten kun olette täynnä tuota vaaleanpunaista energiaa, te voitte suojata itsenne pyytämällä Arkkienkeli Mikaelin sinisen viitan ympärillenne suojaamaan teitä kaikelta ulkopuoliselta energialta. Ja sitten vielä varmistatte maayhteyden Äiti Maahan ja pyydätte egonne siirtymään hetkeksi pois teistä.

Ja vielä sellainen asia, että ottakaa vierellenne paljon sellaisia esineitä, jotka tuntuvat olevan teille suojaksi. Mutta jos teillä ei sellaisia ole, niin et niitä silloin tarvitse. Mutta jos on, niin voit saada niistä itsellesi uskonvahvistusta, sillä uskomalla jonkin tietyn esineen tuovan teille lohtua se voi antaa teille myös uskoa suojelukseen. Eli se on silloin hyvä pitää lähellä, mutta pelkkä usko siihen, että olet suojattu Pyhän Hengen nimeen riittää.

Ja nyt on sellainen hetki, että olet suojattu ja olet puhdas kanava, joten nyt voit jo pyytää opastasi esittäytymään sinulle. Ja nyt voit ottaa kynän eteesi tai sitten voit vain hiljentyä kuuntelemaan tai aistimaan tai jopa näkemään oppaaltasi saamasi viestiä. Eli jos otat kynän, niin silloin opas voi ohjata kättäsi kirjoittaen sinulle viestinsä. Mutta se ei välttämättä heti onnistu, vaan voi olla, että siihen menee enemmänkin aikaa. Mutta sitä kannattaa yrittää, sillä se on meille rajantakaisille auttajille se helpoin tapa kommunikoida kanssanne.

Mutta muut tavat ovat aivan yhtä hyviä. Eli voit myös aistia meitä tuoksuilla tai tunteilla tai jopa kosketuksena tai sitten voit jopa kuulla puhetta tai sitten voit nähdä oppaasi. Eli jokaisella on oma tapansa voida kokea oppaansa läsnäolo ja jo tieto siitä, että voi kokea oppaansa läsnäolon on jo helpottavaa, sillä silloin jo voi olla varma siitä, että sinua autetaan aina kun sitä apua meiltä pyydät.

Ja sitten kun saat vielä tarkemmin selvän siitä, mitä oppaat sinulle haluavat viestitä, olet jo askeleen päässä autuuden yhteydestä. Eli tarkoitan nyt sitä, että kun olet saanut yhteyden oppaaseesi, voit myös osin kokea sen olotilan, jossa oppaasi elävät ja silloin voit siis kokea sellaista olotilaa, joka on kuoleman jälkeen. Eli ei ole mitään pahaa kuoleman jälkeen, vaan täydellinen rakkaus ja autuus. Mutta se ei nyt ole tärkeätä, vaan se, että olet saanut yhteyden omaan rakkaaseen oppaaseen, joka aina on vierelläsi.

Ja ajan mittaan te voitte yhdessä ratkoa ongelmia, joita te ihmisinä joudutte läpikäymään. Ja oppaiden tehtävänä on juuri olla teidän apunanne kun teillä on ongelmia. Mutta oppaat ovat kuitenkin aina teidän kanssanne, on teillä sitten ongelmia tai ei.

Ja nyt on jälleen aika antaa oppaiden itse puhua teille.

23

Rakkautta vai vihaa, sen päätät itse

Ei ole olemassa yhtäkään sellaista asiaa kuin te olette ne ajatelleet, vaan totuus on hyvin erilainen kuin se teille nyt on kuvattu. Joten moni asia tarvitsee korjauksia ja yhden sellaisen asian voisin sinulle nyt kertoa.

On niin, ettei ole olemassa mitään jotakin sellaista energiamuotoa, joka ei vain voisi syntyä uudestaan. Eli te olette aina ajatelleet, että energialla on jokin jatkuvuus, mutta niin ei ole, vaan energia voi syntyä uudestaan ja uudestaan.

Ja se, että aina tarvitaan jokin mekaaninen liike energian synnyttämiseksi on tietysti harhaa, sillä todellisuudessa ei ole mitään mekaniikkaa. Eli on vain energiaa, jota te ihmissielut voitte ajatuksillanne muokata eri muotoihin. Joten jos on yhdenlaista energiaa, niin se voi synnyttää uutta energiaa. Ja jotta nyt ymmärtäisit mitä tarkoitan, niin annan sinulle esimerkin.

Eli jos nyt synnytät energiaa ajattelemalla rakastavasti, niin synnytät rakkaus-energiaa. Mutta jos sen vastaanottaja ei sitä halua ottaa vastaan, niin se jää ikään kuin vaeltelemaan tuon vastaanottajan ympärille. Joten on tärkeää, että vastaanottaja pyytää itselleen rakkautta, jotta se voi mennä perille asti. Mutta se energia, joka jää leijumaan on energiaa, joka menee silloin muuhun tarpeeseen. Ja niin on, että tuo energia, joka syntyi, muuttuu maailmankaikkeuden energiaksi ja se on se energia, jota te käytätte erillisyydessä kaikkeen toimintaanne.

Joten kaikki energia on lähtöisin rakkaudesta ja sen lähettämisestä. Ja nyt tarkoitan sitä kaikkea tunne-elämään liittyvää energiaa, joka voi purkaantua ihmisistä vihana tai katkeruutena tai miten tahansa. Joten ei ole mitään negatiivista energiaa, vaan on vain rakkausenergiaa.

Joten jos te ajattelette oikein, niin ymmärrätte itsekin, että kun teidät valtaa viha tai jokin muu erittäin voimakas tunne, niin teidän tulisi voida kanavoida energiaanne rakkautena. Ja siihen voi olla erilaisia keinoja, kuten se, että te vain meditoitte esimerkiksi *Rauhan ja Rakkauden meditaatiota*, jonka Äiti Maria on antanut. Tai sitten te voitte siunata maapalloa rakkaudella. Tai sitten lähettää energiahoitona rauhaa ja rakkautta ihmisille. Eli kanavoikaa energianne positiivisesti, niin tuolloin viha tai muu negatiivinen energia ei purkaudu negatiivisella tavalla.

Joten on ehdottoman tärkeää rukoilla, jolloin voitte rukoillessanne kanavoida energiaa muille ihmisille ja silloin te voitte päästä ylimääräisestä energiastanne tavallaan eroon ja konfliktit ovat tuolloin vältettävissä.

Ja tietysti on hyvä, jos sydämenne on täynnä rakkaus-energiaa, mutta jos sitä ei kanavoida oikein, niin tuo rakkausenergia purkaantuu väärällä tavalla. Joten aina kun saatte uutta energiaa, niin muistakaa myös kanavoida se oikein.

Riitatilanteet

Olisi paljon helpompaa elää maapallolla, jos ihmiset osaisivat ajatella eri tavalla kuin he ovat nyt ajatelleet. Eli tarkoitan nyt sitä, että aina kun joku suuttuu toiselle ihmiselle, niin silloin aina syytetään sitä toista siitä, ettei hän ole jotenkin erilainen ihminen. Mutta todellisuudessa riitaan tarvitaan aina kaksi osapuolta; on se, joka riitaa haastaa ja toisaalta se, joka riidan vastaanottaa.

Eli ei aina tarvitse suuttua, vaikka toinen yrittää toista suututtaa. Eli silloinkin on olemassa vaihtoehto, ettei suutukaan, vaan valitsee sellaisen vaihtoehdon, että onkin yhtäkkiä samaa mieltä kuin toinen. Ja yleensä silloin käy niin, ettei toinen enää yritä haastaa riitaa. Mutta niinhän se ei aina ole, sillä jotkut ihmiset nauttivat riitelystä ja silloin hekin ovat äkkiä muuttaneet kantansa. Mutta yleensä on niin, että jos toinen haastaa riitaa ja toinen ei otakaan haastetta vastaan, syntyy rauha ja silloin on parempi olo sekä riidan haastajalla, että myös sen vastaanottajalla. Mutta se on vaikeaa luopua omasta mielipiteestään ja siksi toivonkin teidän aina pyytävän oppaitanne apuun riitatilanteissa, sillä oppaat voivat auttaa tällaisissa tilanteissa. Mutta miten, siitä kertoo teille yksi oppaistanne.

Sielun sopimuksien opas

Tervehdys rakkaat kirjamme lukijat! On ilo tervehtiä teitä, sillä en ole ennen kirjoittanut Karmenin käden kautta. Minä olen teidän ihmissielujen pelastaja opas eli tarkemmin sanoen sielun sopimuksienne täyttymisen tarkkailija opas. Eli minä seuraan tarkasti sitä, että jokaisen ihmisen sielujen sopimukset tulevat täytetyiksi ennen kuoleman hetkeä.

Eli on niin, ettei yksikään ihminen kuole ennen kuin hän on oman sopimuksensa täyttänyt. Ja niin on, että minä olen se energia ja se opas sekä suojelija, joka valvoo sielujen sopimusten täyttymistä. Niin on tosiaan asian laita, että on vain yksi opastaho, joka sen tekee.

Ja se teidän on jälleen vaikeaa käsittää, että vain yksi suojelijaopas on tehty tätä asiaa suorittamaan, mutta muuta ei tarvita, sillä energiani kattaa koko maailmankaikkeuden, jolloin jokainen sopimus on minussa ja ei ole yhtään sopimusta, jota minussa ei olisi. Eli olen energiaa, joka koostuu sopimuksista. Ja samalla nuo sopimukset tulevat täytetyiksi, kun minä niitä ohjaan.

Ja on sellainen asia, että minulta voi pyytää apua moniin asioihin. Ja jos apua pyydätte, niin te sitä

myös saatte. Eli jokainen sielu sopii ennen synty-
määnsä Jumalan kanssa, että mitä asioita hän tulee
elämänsä aikana suorittamaan. Ja siitä on aiemmin
ollut jo puhetta, että tuo sopimus tehdään muiden
sielujen kanssa, jotta te voisitte maanpäällä kokea
erilaisia asioita kuten surua, vihaa, katkeruutta jne.
negatiivisia tuntemuksia, mutta myös kaikkia posi-
tiivisia tunteita ja kokemuksia.

Ja jotta te voitte niitä kokea, tarvitaan nuo sopi-
mukset sielujen ja jopa maapallon ja koko maail-
mankaikkeuden välillä. Ja sitten kun sopimukset on
sovittu, niin Jumala antaa teille teidän toiveittenne
mukaan tuhansia eri vaihtoehtoja, joiden avulla
nuo sopimukset voivat täyttyä. Ja kun nuo sopi-
mukset ovat sitten valintojenne mukaan täyttyneet,
on teidän aika siirtyä jälleen tänne rajan taakse. Ja
niin se elämä jatkuu taasen seuraavaan elämään tai
sitten johonkin muuhun tehtävään, kuten oppaana
olemiseen.

Ja nyt tahdon jo edetä. Mutta tämä nyt kertauksena
siitä perusasiasta, miten sielujen sopimusten ete-
neminen toimii. Ja tosiaan on vain yksi energia,
joka näiden sopimusten toteutumista ohjaa ja suo-
jelee. Ja siitä asiasta haluan teille nyt puhua, että
mitä tehdä kun on edessä riitatilanne. Eli jos te
olette pahoittaneet toisen mielen tai ihan mikä muu
riitatilanne tahansa, niin silloin te voitte ottaa siihen
tilanteeseen hieman etäisyyttä ja hiljentyä hetkeksi
ja sitten vain mielessänne pyydätte esimerkiksi seu-
raavanlaisesti:

Sovinnon rukous

Rakas oppaamme ja suojelijamme,
maailmankaikkeuden
sielujen sopimusten herra,
pyydän sinulta nyt,
että selvität tämän riidan
ilman turhaa tunteiden roihua
ja kiitän siitä,
että voimme nyt jatkaa tätä tilannetta
täydessä sovussa
Aamen.

Ja tuon pyynnön jälkeen voit huomata kuinka mieleesi virtaa sovittelevia sanoja ja huomaat, että tuo vastapelurikin toimii yllättävän ihanasti ja ymmärtää sanojesi rauhan luovan sanoman. Ja tuo riitatilanne ratkeaa ja te voitte edetä jälleen sulassa sovussa. Ja jos vielä pystyt vahvistamaan tuon pyyntösi siten, että täysin sydämin annat tuon tilanteen minulle ja uskot niin tapahtuvan, niin silloin myös niin tapahtuu. Ja muista vielä kiittää saamastasi avusta, niin tuo tilanne ei enää toistu. Sillä maailmankaikkeus toimii siten, että jos asioista ei muista kiittää, niin silloin apu on vain hetkellistä ja silloin tuon riitatilanteen energia tulee uudelleen käyttöösi etkä enää niin helposti pääse tuosta tilanteesta. Ja se on yksi maailmankaikkeuden laeista, että kiitos tuo vahvuutta kaikkeen siihen mitä olet pyytänyt, joten muista aina, että kiitos on ehdottoman tärkeää.

Ja sitten haluaisin vielä muistuttaa siitä asiasta, että kun te minulta asioita pyydätte, niin olkaa silloin avoimin sydämin ja unohtakaa egonne. Sillä ego vie teidän ajatuksenne voittajan rooliin ja niin on, että jos haluat aina itse voittaa, niin silloin riitatilanteet ovat väistämättömiä. Mutta jos siirrät egosi syrjään, niin silloin olet täynnä rakkautta, eikä sillä enää ole merkitystä, että kumpi on ollut oikeassa, vaan sillä, että te elätte sovussa ja rakkaudessa. Joten muistakaa olla avoimia riitatilanteissa, niin minä voin teitä auttaa.

Ja nyt on jälleen Äiti Marian vuoro, Aamen.

31

Ennustamisen vaikeus

Mitään ei ole ennalta määrätty. Ja nyt tarkoitan sitä, ettei ole asioita, joita voitaisiin varmasti ennustaa, mutta on asioita, joita ihmiset sopivat ennen syntymäänsä. Mutta niitä sopimuksiakin voidaan tarvittaessa muuttaa, joten ennustaminen on lähes mahdotonta.

On tosin totta, että sielut näkevät ennen syntymäänsä kaikki ne vaihtoehdot, joita hän voi elämänsä aikana valita, mutta niitä vaihtoehtoja voi olla jopa tuhansia, joten se, että joku näkee niistä yhden vaihtoehdon ja sitten ennustaa toiselle ihmiselle sen mukaisesti on väärin. Ja useimmiten ihminen kuitenkin valitsee juuri sen toisen vaihtoehdon, jolloin ennustus menee väärin.

Ja siksi on usein käynyt niin, että vaikka ennustaja on jopa vannonut jonkun asian toteutuvan, niin se ei sitten toteudukaan, koska tuo ennustettava asia olikin vaihtoehdoista juuri se, jota tuo ihminen ei valitsekaan. Ja siksi on turhaa käydä ennustajien luona koska he eivät voi milloinkaan tietää, että minkä vaihtoehdon ihminen kulloinkin valitsee.

Ja nyt on myös sellaisia väittämiä, että olisi mahdollista olla menemättä ennustajalle niin, ettei ennustaja jotakin tulevaisuudesta näkisi, sillä kyllä ennustajat aina voivat nähdä yhden tai kaksi tulevista valinnoista, mutta he eivät vain osaa arvata tai tietää miten tuo ennustajan luo tullut ihminen valintansa tekee.

Ja se miksi nyt tätä asiaa teille halusin selventää, on se, että aina kun te teette valintoja eri asioiden suhteen, niin teillä on todella monia eri ratkaisuvaihtoehtoja, mutta ette aina tiedä mikä niistä kannattaisi milloinkin valita.

Maailman rakkaus

Oli sellainen pieni tyttö,

joka kolusi kaikkialta

sitä pientä kultakorua,

mutta koskaan sitä löytänyt ei.

Vaan hänpä ei vain tiennytkään sitä,

että suurin kultakoru

on hänen sisällänsä

ja sitä rakkaudeksi kutsutaan.

Ja jos olet niin viisas,

että sen sisältäsi löydät,

niin silloin avautuvat taivaan portit

ja onnesi on aina taattu.

Vaan jos et sitä sisältäsi etsi,

vaan ulkokultaa keräät vain,

niin silloin iskee kateus ja himo

ja koskaan et onnea saavuttaa voi.

Siks ole aina tietoinen,

et sielultasi olet rakkaus,

sillä rakkaus on puhtainta kultaa,

mitä maa päällään kantaa voi.

Ja jos maailman rakkaus

kultana punnittaisiin,

niin vaakaa et sä löytää voi,

joka tuon suuren määrän rakkautta

koskaan punnita voisi.

Vaan ei ole tarpeen laskeakaan

sitä rakkauden suurta määrää,

vaan on vain tärkeää,

että sen jokainen ymmärtää.

Itsensä tuomitseminen

On ollut sellaisia väitteitä, että Jumala toimii niin kuin toimii ajattelematta mitään muuta kuin vain sitä, että saadaan rankaisuja ihmisille, jotka pahaa tekevät. Mutta niin ei asia ole, vaan on vain ne Jumalan kanssa sovitut sopimukset ennen syntymää sovittuna.

Ja se on nyt niin, ettei ole olemassa mitään rankaisevaa Jumalaa, vaan ainoastaan rakastava Jumala, joka antaa kaiken anteeksi. Sillä ei ole sellaisia kuin pahat teot tai synti, vaan on vain sopimukset. Mutta silti teistä itsestänne tuntuu, että olette joskus tehneet niin pahoja asioita, että uskotte rankaisun olevan välttämätön, mutta niin ei ole vaan te itse rankaisette itseänne omista pahoilta tuntuvista rakkauden puutteellisista valinnoista.

Ja se tapahtuu sitten, kun olette tämän elämänne päättänyt ja siirrytte rajan toiselle puolelle. Ja silloin tulee aika, jona käytte läpi elämänne aikana tehdyt valintanne ja niiden arvioinnin aika on tuolloin. Ja sen te teette itse ilman Jumalan käskyä. Sillä on niin, että te itse itsenne tuomitsette riippumatta siitä onko Jumala niin teitä kehottanut vai ei, sillä se on sielun elämän yksi kohta, joka toistuu aina saman kaavan mukaan elämästä toiseen.

Ja sitten kun te olette kuolleet, niin silloin te siirrytte sitä tunnelia pitkin oppaanne ja suojelusenkelinne kanssa paikkaan, jossa tämä itsensä tuominta tapahtuu. Ja se on väistämätöntä eikä kukaan sitä kohtaa voi väistellä, vaan niin se vain on eikä muuta mahdollisuutta ole.

Ja onpa vielä niin, että kun te itse itsenne arvioitte ja tuomitsette, niin se tuntuu kaikkein pahimmalta. Sillä silloin ei voi mennä piiloon omiin puolusteleviin ajatuskuvioihinsa, vaan te olette täysin paljaita sieluja. Ja silloin te määräätte myös itse seuraavan tapahtumaketjun. Eli päätätte siitä, että mikä meni todella pieleen elämän aikaisissa valinnoissanne. Eli ne, jotka menivät pieleen te tuomitsette sellaisella tavalla, että te otatte ne seuraavaan elämään uudelleen koettaviksi. Ja sehän tarkoittaa sitä, että te voitte toisessa elämässä joko valita paremmin tai sitten te kärsitte jotakin omista edellisen elämän aikana toisillenne tehdyistä pahalta tuntuvista teoista.

Eli jos joku raiskaa yhden elämän aikana toisen, niin kuolemansa jälkeen tuo raiskaaja tuomitsee itse itsensä kärsimään siten, että on seuraavassa elämässään raiskauksen uhri jne. Eli se on toinen tapa rankaista itseään, mutta sitten on vielä monia muitakin tapoja eli voi esimerkiksi tuomita itsensä siten, että on seuraavassa elämässään vammainen tai muutoin vähäosainen.

Mutta aina te itse itsenne tuomitsette ja rankaisun päätätte itse itsellenne eikä niin, että Jumala teitä rankaisisi. Ja se on se asia, jota tässä nyt haluan teille opettaa, että Jumala ei koskaan rankaise, vaan ottaa teidät aina täydellä rakkaudella vastaan, vaikka te olisitte elämässänne mitä tehneet.

Työn mielekkyys

Olisi paljon helpompaa olla vain ja antaa ajan kulua ja siten voisi vain nauttia elämästä eikä tarvitsisi tehdä mitään. Mutta olisiko se kuitenkaan pidemmän päälle mielekästä?

Ja niin on että siksi te silloin ennen syntymäänne valitsitte monia ikäviä asioita elämäänne, jotta teidän elämänne ei olisi liian yksitotista. Ja se, ettei saa esimerkiksi mieleistään työtä on yksi tällaisista valinnoista. Ja se tuntuu turhauttavalta kun aina päivästä toiseen käy työpaikassa, jossa ei haluaisi käydä, mutta se tekee elämään sellaista ponnistelun tapaista olotilaa.

Eli jos kaikki annettaisiin sinulle heti, jos sitä pyydät, niin eihän kenenkään sitten ikinä tarvitsisi mitään tehdä. Mutta sen tähden olette valinneet itsellenne hankalia tilanteita, jotta teille asetettaisiin eteenne valinnan mahdollisuuksia, joista te sitten aina joutuisitte valitsemaan yhden oikealta tuntuvan valinnan.

Ja sitten on myös niin, että kun te jouduitte valitsemaan jotakin, niin aina tuo valinta tuo mukanaan joitain uusia haasteita jne. Ja on niin, että te olette valinneet paljon sellaisia vaihtoehtoja, joiden avulla te jouduitte tekemään paljon raskasta työtä. Ja toisaalta olette valinnet myös sellaisia vaihtoehtoja, jotka päästävät teidät helpolla eteenpäin.

Ja joskus se raskas työ tuntuu aivan liiankin raskaalta. Mutta totuus on, että kun te teette raskasta työtä, niin silloin voitte taasen nauttia enemmän niistä vapaahetkistä, joita teillä on. Sillä jos te ette tekisi raskasta työtä, vaan te esimerkiksi vain makaisitte sohvalla, niin silloin te ette pysty nauttimaan vapaa-ajastanne, sillä se ei mitenkään eroaisi työn tekemisestä. Ja siitä saatte elämäänne taasen mielekkyyttä, jos teillä on oikeinkin uuvuttava työ.

Mutta toki on hienoa, jos voitte tehdä sellaista työtä, josta itse pidätte ja siihen tulisikin pyrkiä, sillä teistä jokainen on valinnut itselleen tietyn elämäntehtävän ja mitä nopeammin sen huomaatte löytäneenne, niin sen mukavammalta elämänne tuntuu. Ja tietysti on aina hetkiä, jolloin te epäilette sitä, että onko tämä nyt se minun oikea työni ja niin kuuluu tehdäkin, mutta kun te katsotte työtänne laajemmassa mittakaavassa, niin te huomaatte, että jokin työ sopii teille paremmin kuin joku toinen.

Ja sitten on sellainen asia, että kun te oman työnne olette löytäneet, niin nauttikaa sen antamista ääritunteista, sillä ne kaikki te itse olette itsellenne valinneet, jotta te voisitte tuntea elävänne täysin sydämin. Ja vielä sellainen asia on, että joskus sitä oikeata työtä ei tunnu löytyvän ja joskus onkin niin, että te olette valinneet itsellenne monia erilaisia töitä, joita te elämässänne kokeilette. Eli sekin tuo elämäänne yhdenlaista rikkautta, kun voi kokeilla kaikenlaisia työkokemuksia.

Ja joku on voinut valita elämäänsä pitkiä työttö-myysaikoja. Ja niiden tarkoitus taasen on se, että kun tuon työttömyyden jälkeen taas pääsee töihin, niin vaikka se ei olisi mielekäs työ, niin silti siitä nauttii, koska se on taasen erilainen kokemus kuin työttömyys. Ja nyt on työn oppaiden vuoro puhua.

Työn oppaat

Minä ja me muut työn oppaat kerromme nyt teille siitä, että miten te voitte helpommin tehdä työtänne ja myös siitä, että miten te voitte meiltä apua vaikeissa tilanteissa pyytää. Jos olet jo löytänyt sen oikealta tuntuvan työn, niin sinun elämäsi tuntuu jo mielekkäältä ja et enää siihen asiaan niinkään apua tarvitse, mutta silti jokaisella ihmisellä on työtoimissaan sellaisia hetkiä, joina kaipaa oppaidensa apua joten sen tähden on hyvä jokaisen perehtyä siihen, miten meiltä työn oppailta voi apua pyytää.

Eli jos on esimerkiksi sellainen tilanne, että työssä on jokin ongelmakohta, johon haluaisitte ratkaisun, niin aina te voitte kanavoida apua meiltä rajantakaisilta auttajilta. Ja olisi hyvä, jos tekisitte sen niin, että te hetken sulkisitte kaiken ympäröivän hälinän pois ja istuisitte paikallaan tai sitten seisotte, jos ette istua voi.

Ja sitten tyhjentäisitte hetkeksi mielenne kaikelta egon turhalta huudolta ja silloin te olette avoimimpia uusille ideoille. Ja me kyllä niitä teille annamme, jos te niitä meiltä pyydätte. Eli aina kun te vain voitte, niin vapauttakaa itsenne siitä sekamelskasta, jonka keskellä olette ja sitten pyydätte apua.

Mutta voitte myös tehdä sen siten, että kun te tulette töistä pois, niin lähtekää luontoon kävelemään, jolloin te voitte helpommin irrottautua siitä melskeestä ja silloin te myös puhdistutte fyysisestikin. Joten se on vielä parempi vaihtoehto.

Ja tietysti voitte jättää huolenne ja ongelman ratkaisemisen täysin meille rajantakaisille auttajille nukkumaan mennessänne. Ja muistakaa tuolloin, että ette huolehdi siitä asiasta, vaan kiittäkää rajantakaisia auttajia siitä, että he ottavat tämän asian ratkaistavakseen. Ja yöllä te voitte nähdä tuosta ratkaisusta unta tai sitten se asia on jo muutoin aamulla ratkaistu.

Ja se täytyy aina muistaa, kun työongelmiin ratkaisua pyydätte, että se ei välttämättä tule juuri sinulta, vaan sen voi ratkaista joku toinen. Joten silloinkin tulee olla kiitollinen rajantakaisille auttajille, sillä he aina katsovat asiaa siten, että miten se on helpoin ratkaista. Jos jollakin toisella ihmisellä on tietyt tiedot paremmin hallinnassa kuin sinulla, niin silloin rajantakaiset auttajat kuiskivatkin ratkaisun hänelle eikä sinulle.

Mutta se on vaikeaa olla päästämättä kateutta ja mustasukkaisuutta esille, kun sitä ratkaisua ei olekaan itse keksinyt, vaan joku toinen. Ja sen tähden tulisi opetella ajattelemaan työasioitaan aivan ilman egoa, sillä tehän teette työtä yhteiseksi hyväksi, josta pidemmällä aikavälillä jokainen saa hyötyä. Mutta sitä on vaikea ymmärtää siinä tilanteessa, kun ei itse ole ratkaisua keksinyt.

Ja joskus on niinkin, että te olettekin päättäneet ennen syntymäänne sellaisia tilanteita, että te ette vain keksi ratkaisua ja silloin teille voidaan antaa jopa potkut, mutta silloin sillä tilanteella onkin ollut kauaskantoisemmat syynsä. Eli olette sen työttömyyden teille itse siihen kohtaan valinneet.

Ja tietysti se siinä tilanteessa tuntuu väärältä, kun mahdollisesti olette oppailta ja enkeleiltäkin apua pyytäneet, mutta silti mikään ei onnistu. Mutta se on niin, että kaikella on aina jokin tarkoitus tässä maailmassa ja joskus niiden tarkoitusta ei ymmärrä edes koko elämän aikana. Mutta rajatakaisella puolella ne asiat saavat kaikki uuden merkityksen, sillä ykseydessä on täysi ymmärrys.

Ja joskus joillakin tilanteilla saattaa olla merkitystä johonkin seuraavaan elämäänkin, joten on joskus jopa turhaa yrittääkään ymmärtää tapahtunutta, vaan on vain hyväksyttävä se tosiasia, että kaikella on tarkoitus ja Jumala yksin tietää mikä se milloinkin on. Ja siitä tuleekin tuo sananlasku *tutkimattomia ovat Jumalan tiet*, mutta kuolemanne jälkeen jokainen sielu kokee tuon ymmärryksen, jolloin nuo tiet tulevat jokaiselle sielulle tutkituksi.

Ja nyt on jälleen Äiti Marian vuoro.

Toiveiden toteuttaminen

On kauan ollut sellaisiakin väitteitä, etteikö Jumala osaisi ratkaista teidän ongelmianne. Ja tarkoitan nyt esimerkiksi teidän rahahuolianne.

Mutta se tieto, etteikö Jumala voisi aina ratkaista teidän ongelmianne on naurettava, sillä Jumalaa on kaikki mitä teidän erillisyydessänne on, joten kaikki raha-asiatkin tulevat Jumalasta.

Joten kuulkaa nyt tämä neuvo, jonka teille antaa talousopas, joka huolehtii teidän raha-asioistanne.

Talousopas

Minä olen teidän talousasioidenne hoitaja opas ja minä olen se, jolta te voitte apua aina silloin pyytää, kun teillä on talousasioissa jotain sellaista, johon te apua tarvitsette. Ja se voi olla jokin sellainen asia, ettei teillä ole riittävästi rahaa tai se voi olla sellainen asia, että te mietitte, että kannattaako jokin sijoitus tai hankinta tehdä, niin silloin te voitte minulta sitä apua pyytää. Ja minä annan teille aina apua, kun te sitä vain pyydätte.

Ja niin nyt on, että minä olen se, jolta voitte aina silloinkin apua pyytää, kun te olette täysin varattomia ja te tarvitsisitte alkupääomaa, jotta voisitte tehdä jotain tai saada itsellenne ruokaa ja vaatteita jne.

Ja se, miten te minulta voitte apua pyytää, on taasen vain niin, että laitatte egonne syrjään ja puhdistatte mielenne täysin ja Äiti Marian *Rauhan ja Rakkauden meditaatio* on tähän tarkoitukseen oikein hyvä. Ja sitten, kun te tunnette olevanne täysin puhdas, niin silloin te voitte pyytää niin, että kiitätte siitä, että minä teidän talousoppaanne olen jo henkisellä tasolla ratkaissut tämän teidän rahatilanteenne siten, että henkisellä tasolla kaikki on jo toteutunut ja se vain toteutuu ajan mittaan totuutena myös erillisyydessä egojen harhamaailmassa.

Ja nyt te jo mietitte, että mitä keinoja oppaat siihen rahan ilmentymiseen käyttävät. Mutta se ei ole hyväksi, sillä se on niin, että jos te määrittelette joitain keinoja tuon rahan hankkimiseksi, niin silloin oppaat eivät pysty toimimaan maailmankaikkeuden rajattoman viisauden lakien mukaisesti, vaan ovat rajoittuneet tekemään vain niiden ohjeiden avulla, joita te olette määritelleet keinoiksi rahan ilmentymiseen. Joten muistakaa rukoilla raha-apua siten, että te annatte täysin vapaat kädet oppaillenne, jolloin oppaat hankkivat teille rahaa sellaisista kohteista, jotka eivät tulisi teille edes mieleen.

Eli on niin, että jos te esimerkiksi haluaisitte auton, joka maksaa 20 000 euroa ja te tiedätte, että teillä ei ole siihen varoja, niin jos te niin ajattelette, ettei teillä ole siihen varaa koska teillä on niin pieni palkka tai muu rahan tulolähde, niin silloin te uskotte, että te ette sitä voi saada, koska ette voi ajatella muuta rahantulolähdettä kuin teillä omasta mielestänne on, niin silloin te ette sitä autoa voi saada.

Mutta jos uskotte, että teidän talousoppaanne auttaa teitä saamaan tuon auton itsellenne, ettekä mieti yhtään sitä, että mitä se maksaa tai että miten te sen auton itsellenne voisitte saada, niin jos te tähän asiaan täysin uskotte, että tuo auto jo on teidän henkisellä tasolla, niin se on teidän.

47

Ja nyt vain esimerkkinä voin teille sanoa, että maailmankaikkeuden rajaton viisaus käyttää keinoja kuten esimerkiksi alennusmyynnit, joissa myydään tavaraa poistohintaan ja jopa 70 % alennuksilla. Ja joskus joku firma haluaa mainostaa tuotteitaan antamalla jollekin ihmiselle jonkin tuotteen täysin ilmaiseksi käyttöönsä.

Joten on sellaisia lähteitä, joita te ette voi ajatella itse ja se onkin tärkeää, että te ette sitä itse ajattele. Sillä jos nyt laitatte sen ehdon, että joku auto tulisi teille ilmaiskäyttöön, koska tuo myyjä haluaa mainostaa autoaan, niin silloin oppaat ovat jälleen rajoittuneita odottamaan sopivaa hetkeä autokauppiaan kannalta, että tuo asia toteutuisi, kun oppaat voisivat mieluummin käyttää monia erilaisia maailmankaikkeuden rajattoman viisauden keinoja:

Kuten että palkkasi yhtäkkiä nousee jonkin verran ja tuo auto myydäänkin alennuksella. Tai että pankki myöntääkin sinulle lainaa hyvin pienellä korolla. Tai saat vaikka arpajaisvoiton.

Niin että on ehdottoman tärkeää antaa talousoppaille, kuten myös muille rajantakaisille auttajille, aina täysin vapaat kädet tehdä tekojaan ja antaa teille apunsa, niin silloin lopputulos on kanssanne nopeammin kuin itse edes osaatte asiaa ajatella.

Ja nyt neuvon teitä vielä siten, että annan teille esimerkki-rukouksen, jonka avulla voitte asioita meiltä oppailta ja muilta rajantakaisilta auttajilta pyytää. Ja sitä voitte muunnella omien tarpeittenne mukaisesti, kunhan ette muuta sitä liiaksi.

Eli aina rukoillessa tulee muistaa kiittää siitä, että tuo asia on jo toteutunut henkisellä tasolla. Ja se, että siunaatte tuon asian Pyhän Hengen, Jumalan rakkauden ja Jeesuksen Kristuksen nimeen tai sen uskon mukaisin sanoin, johon te itse vahvasti uskotte, niin silloin tuo asia varmemmin toteutuu. Ja rukoillessa tulee aina olla täydellinen usko mukana.

Ja vielä se, että aina kun te rukoilette, niin muistakaa silloin olla iloisella ja onnellisella mielellä, sillä siten oppaat, enkelit ja kaikki rajantakaiset auttajat pääsevät teitä lähelle. Ja myös nuo toiveenne toteutuvat paremmin, jos te olette positiivisella mielellä, sillä maailmankaikkeuden rajaton viisaus toimii parhaiten positiivisen energian voimin. Ja nyt annan teille sen rukouksen:

Hyvä Jumala, kaikki rajantakaiset auttajat.

Ja kiitos Maailmankaikkeuden rajaton viisaus

siitä, että tämä toiveeni on jo toteutunut

henkisellä tasolla.

Ja kiitos siitä, että rajantakaiset auttajat

toimivat omalla rakkaudellisella tavallaan

toteuttaakseen tämän minun toiveeni siten,

että jokainen maailmankaikkeuden jäsen

hyötyy tästä toiveen toteutumisesta.

Joten kiitos, kiitos, kiitos.

Ja kiitos siitä, että minä ja toiveeni

olemme jo yhtä.

Ja kiitos siitä,

että voin jo jättää tämän asian mielestäni,

koska rajantakaiset auttajat

ovat sen nyt minulta pois ottaneet

ja huolehtivat nyt täysin siitä,

että tuo toiveeni on jo toteutunut.

Kiitos, kiitos, kiitos!

Olkoon tämä rukous siunattu

Pyhän Hengen, Jumalan rakkauden

ja Jeesuksen Kristuksen nimeen,

kiitos siitä, Aamen.

Pyydä ja sinulle annetaan

Suojelus on suurinta sellaisilla ihmisillä, jotka osaavat oikein sitä pyytää. Mutta miksi eivät enkelit ja muut henkiset auttajat voi sitten kaikkia ihmisiä suojella?

Ja se on niin, että jos ei suojelusta pyydä, niin ei sitä voi hänelle antaa. Sillä niin on yksi suurista henkisistä laeista määrätty, että jos ei apua pyydä, niin silloin ei voi apua antaa.

Ja se asia surettaa usein meitä rajantakaisia auttajia, kun me olemme ihmisten ympärillä koko ajan ja me näemme kuinka paljon me voisimme ihmisiä auttaa, mutta koska ihmiset eivät apua pyydä, niin sen tähden me emme voi asioihin puuttua. Joten rukoilkaa paljon ja pyytäkää meiltä apua, sillä vain ja ainoastaan siten te voitte mahdollisimman suuren suojeluksen saada.

Ja on niin, että te ennen syntymäänne sovitte aina sellaisia tilanteita, että jos ja kun te pyydätte apua johonkin asiaan, niin me sitä teille annamme. Mutta jos te ette sitä apua pyydä, niin te silloin olette valinneet yhden hiukan rakkaudettoman vaihtoehdon elämäänne. Joten aina kun te pyydätte meiltä jotakin, on se suurinta mahdollista rakkautta.

Sillä ei ole mitään merkitystä, miten te noita rukouksia, pyyntöjä ja toiveita esitätte, vaan ainoastaan sillä on merkitystä, että se toive ja pyyntö tulee suoraan sydämestä ja että siinä ei ole mukana epäilyn häivääkään.

Ja niin on, että jokainen pyyntö, jonka te meille annatte on meille suurta iloa tuottava, sillä meillä rajantakaisilla auttajilla ei ole muuta tehtävää teidän erillisyydessänne kuin suorittaa teidän pyyntöjenne mukaisesti erilaisia tehtäviä. Joten se on meille se suuri ilo ja kunnia, jota olemme Jumalalta pyytäneet, että me voisimme olla teidän avuksenne.

Ja se vieläpä nostaa meidän henkisten oppaiden sielun henkistä tasoa, kun me autamme ihmisiä. Joten jos te ette meiltä mitään pyydä, niin silloin me jäämme pitkäksi ajaksi samalle henkiselle tasolle emmekä pääse etenemään. Joten nyt jo ymmärrätte, kuinka tärkeää teidän on rukoilla ja pyytää meiltä rajantakaisilta auttajilta apua, koska siitä on apua teille ja teidän henkisen tason nostamiseen kuten myös meidän oppaiden sielun tason nostamiseen.

Ja on nyt niin, että kaikki lait, jotka henkisessä elämässänne on, ovat määrättyjä siten, että ne kaikki tukevat henkisen sielun tason nostamista. Joten kun te ne kaikki lait olette ymmärtäneet ja niitä toteuttaneet elämässänne, niin tuolloin te voitte olla varmoja siitä, että teidän sielunne tulee olemaan korkealla tasolla kun te jälleen siirrytte rajan tälle puolelle.

Ja nyt vielä haluan muistuttaa siitä, että kun te rukoilette lähimmäisenne puolesta, niin se on sellaista rukousta, joka vaikuttaa sekä teidän, että myös tuon lähimmäisen sekä meidän oppaiden sielun tason nousuun. Joten se on hyvin tärkeää, että te rukoilette lähimmäisenne puolesta. Ja sekin on taas niin, että ihminen valitsee ennen syntymäänsä ensinnäkin sen vaihtoehdon, että jossakin tilanteessa häntä voi auttaa lähimmäiselle osoitettu rukous. Ja se on se rakkaudellisin vaihtoehto, että hän on itse sitä myös itselleen pyytänyt.

Mutta jos tuo ihminen ei sitä pyydä eikä tuo lähimmäinen sitä teille rukoillen pyydä, niin tuolloin te molemmat olette valinneet yhden vähemmän rakkaudellisen vaihtoehdon eikä sielunne pääse korkeammalle eikä teidän elämänne maapallollakaan ole niin onnellista kuin se toisin valitessanne voisi olla.

Joten nyt ymmärrätte senkin, että aina on hyvä rukoilla lähimmäisen puolesta, jotta ennen syntymää valitut rakkauden täyteisimmät vaihtoehdot voisivat toteutua sekä teidän että myös lähimmäisenne kohdalla.

Ja nyt on jälleen oppaiden vuoro, Aamen.

Uskon vahvistaminen

Olipa kerran tyttö,

jonka koru oli kateissa.

Ja tuo koru oli lahja äidiltä,

joten se ei ollut tavallinen koru,

sillä siinä oli mukana se tunne,

joka äidin lahjan mukaan oli annettu.

Ja siksi tuosta korusta

oli tullut tytölle maailman tärkein koru.

Vaan eipä ole tunnetta suurempaa,

joka sydämessä hohtaa,

sillä ulkoiset rihkamat ovat kuluva pois,

mutta sydämen sisältä ei mikään pois kulu.

Joten on niin paljon tärkeämpää muistaa, että sydämen rakkaus on paljon tärkeämpää kuin jotkin annetut esineet. Mutta se parantaa ja vahvistaa teidän tunnettanne, kun te lataatte jonkin esineen täyteen jotakin tunnetta.

Eli on oikeastaan hyvä, että te otatte jonkin esineen itsellenne sellaiseksi vahvistusesineeksi, johon te uskotte ja siitä voimaa saatte. Ja vielä olisi hyvä, jos teillä olisi niitä useampi.

Eli te voitte ajatella esimerkiksi lataavanne kiviä joillakin tietyillä ajatuksilla. Ja esimerkiksi ruusukvartsikristalli on sellainen ruusua kuvaavan värinen tai oikeammin vaaleanpunainen. Ja tuo vaaleanpunainen väri voisi kuvata sitä Jumal-energiaa, jota te hengitätte itseenne, kun te meditoitte *Rauhan ja Rakkauden meditaatiota.*

Eli aina kun te tuota meditaatiota teette, niin silloin ajattelette mielessänne tuota ruusukvartsia, jolloin te samalla lataatte tuon kiven täyteen Jumal-energiaa. Ja kun te olette sen tehneet, niin voitte olla varmoja siitä, että kun te otatte tuon kiven jälkeenpäin käteenne, niin te voitte saada tuosta kivestä rauhan ja rakkauden tunnetta.

Ja näin te voitte ladata erilaisia kiviä tai muita esineitä siinä tarkoituksessa, että kun te ette ehdi meditoida, niin silloin saman asian ajaa se, että te otatte tuon ladatun esineen tai kiven käteenne ja kiitätte siitä, että saatte itsellenne siitä juuri sen kaltaista energiaa, jolla se on täytetty. Ja näin te saatte helposti itsellenne erilaisia energiasykäyksiä päivän mittaan, jos se on teille tarpeen.

Ja jos haluatte, niin voitte myös antaa sellaisia ajatuskuvioita noille esineille tai kiville, että ne olisivat sellaisia voimistavia teidän omaa elämäänne ajatellen.

Eli yksi kivi voisi olla esimerkiksi sellainen kivi, johon sisältyisi perheasioiden ratkaisuja. Eli te lataatte tuon kiven perheoppaiden energialla pyytämällä meditoidessanne perheoppaita antamaan energiaa tuohon kiveen.

Jolloin aina, kun teillä on jokin asia, johon haluatte ongelmanratkaisua perheasioissanne, te otatte tuon kiven käteenne ja hiljennytte hetkeksi. Ja kiitätte siitä, että tuon kiven antama perheoppaiden energia antaa sinulle vastauksia tai ratkaisun tuolle ongelmalle.

Ja te voitte ladata noita kiviä vaikka kuinka paljon ja jokaiselle asialle, jota te haluatte korostaa te voitte kiven ladata. Mutta on kuitenkin niin, että jo yksi sellainen esine tai kivi riittää. Eli jos te vain lataatte yhden kiven täyteen Jumal-energiaa eli tuota rauhan ja rakkauden vaaleanpunaista energiaa, niin te jo saatte kaikkiin ongelmiinne ja asioihinne avun, sillä kaikki on rakkautta, joten Jumal-energiaa on kaikki mitä on. Jolloin oli asia mikä hyvänsä, niin tuon rauhan ja rakkauden energian avulla te saatte avun mihin tahansa asiaan.

Ja tämä kivi, jonka lataatte, on vain teidän oman uskon vahvistuksenne takia, sillä tiedätte sen itsekin, että ei ole muuta kuin ajatus, joka jo kaiken luo ja ratkaisee.

Mutta ihmiset ovat sellaisiksi luodut, että heidän on helpompaa uskoa jotakin konkreettista nähdessään tai tunnustellessaan, joten sen tähden on hyvä, että te luotte tuohon kiveen itsellenne uskon vahvistusenergiaa, jolloin aina tarvittaessa otatte tuon kiven käteenne ja tuo teidän uskonvahvistusajatuksenne, jonka kiveen olette itse luoneet tulee teille takaisin silloin ja sinä hetkenä, kun pelkkä ajatus ja usko eivät ole riittävät.

Joten nyt ymmärrätte sen asian, että miksi monet käyttävät esimerkiksi kristalleja parantaessaan sairaita. Ja kristalli onkin sellaista materiaalia, että se on kaikkein kiinteisintä materiaalia, joka teidän maailmassanne on luotuna, joten tuo energia on tiiviisti pakkautunut yhdeksi kokonaisuudeksi.

Ja siksi, jos kristallin oikein hyvin rakkaudella ja rauhalla lataa, niin tuo kristalli pitää sen sisällään vahvasti ja se ei sieltä mihinkään häviä. Ja se myös antaa sitä hienojakoisina energiasykäyksinä ulos, joten se on paras mahdollinen uskonvahvistusmateriaali teidän ihmissielujen maailmassa siellä erillisyydentilassa.

Mutta niin on, että pelkällä ajatuksella te jo saatte kaiken sen saman aikaan kuin noilla kivillä, mutta itse tiedätte kukin, että tarvitsetteko itsellenne jo-

57

honkin asiaan uskonvahvistusta, niin tässä on yksi keino sen saamiseksi.

Ja nyt on jälleen vuoroni lopettaa.

Rakkauden ja yltäkylläisyyden aika

On niin, ettei ole yhtään asiaa, joka Jumalalta jäisi huomioimatta, vaikka välillä tuntuu, että Jumala olisi hyljännyt koko maapallon. Mutta niin ei ole, vaan Jumala on aina läsnä kaikessa ja hän on osa jokaista sielua. Joten sielu on osa Jumalaa, joten kaikki ajatukset ja teot ovat Jumalaa eikä muuta ole. Joten Jumala ei voi olla olematta jokaisessa tilanteessa mukana. Eli Jumala on aina mukana kaikessa eikä voi olla huomioimatta jotakin, mitä maapallolla tapahtuu.

Mutta on vain niin, että ihmiset usein valitsevat niitä kaikkein rakkaudettomampia valintoja ja silloin tuntuu kuin Jumalaa ei edes olisi. Mutta muistakaa, että Jumala on aina kaikessa ja muu ei ole mahdollista.

Ja vaikka te ajattelette, ettei ole mahdollista, että rakkauden täyteinen Jumala antaisi kaikkea pahaa tapahtua, niin niitä pahalta tuntuvia asioita tarvitaan, jotta te voisitte kokea elävänne. Sillä ilman ikäviltä tuntuvia kokemuksia te aina olisitte pelkkää rakkautta, jolloin te tympääntyisitte, eikä enää olisi mikään minkään tuntuista. Joten siksi Jumala sallii myös ikävien asioiden toteutua, jotta elämä olisi mahdollisimman kokemusrikasta.

Ja nyt te mietitte, että eikö sitten milloinkaan tule sellaista aikaa, että ei olisi sotia ja suurta rikollisuutta ja terrorismia, niin nyt kerron teille sen, että se aika on tuleva piankin. Sillä sielut ovat Jumalan kanssa niin sopineet, että he ovat jo tarpeeksi nähneet ja kokeneet ikäviä asioita, joten nyt olisi jo aika nauttia elämän onnellisesta puolesta.

Sillä nyt sielut pystyvät olemaan onnellisia kaikesta siitä, mitä he eivät ole saaneet nälässä ja kurjuudessa kokea. Joten pian koittaa aika, jona ne sielut, jotka ovat nälänhädästäkin kärsineet, voivat syntyä maapallolle uudestaan kokeakseen täällä sen onnen ja autuuden, jota he eivät edellisessä elämässään saaneet kokea.

Eli pian on aika rakkauden ja yltäkylläisyyden. Ja te mietitte, että miten se voi olla mahdollista, mutta niin vain on, että koittaa aika, jona kaikille ihmisille riittää ravintoa ja vettä eikä sotaa ja rikollisuutta enää ole, vaan kaikki elävät rauhan ja rakkauden aikaa. Joten rukoilkaa sen uuden ajan jo tulevan, niin pian te voitte siitä jo nauttia. Aamen.

Olkaa siunatut Jumalan rakkauden, Pyhän Hengen ja Jeesuksen Kristuksen nimeen,

Aamen.

Karmen Shi Englan

Rakkauden kultainen tie
Äiti Marian opetukset osa I

Tämä kirja on kirjoitettu kanavoimalla suojelusenke-liämme Äiti Mariaa. Ja on niin, että tämä kirja antaa monelle sen lukijalle lohdutuksen omiin murheisiinsa. Ja on sellaisia mur-heellisia päiviä, joina tuntuu, ettei Jumala enää välitä meistä ihmi-sistä ja ettei Jumalaa edes olisi olemassa. Mutta niin ei suinkaan ole vaan Jumala on kanssamme joka hetki sillä Jumala on meidän sydämissämme ja Jumalaa me kaikki olemme. Joten ei voida ajatella ettei-kö Jumalaa olisi, mutta on olemassa erillisyyden harha, jossa me ihmiset elämme ja sen harhan tähden me kär-simme asioista, jotka totuudessa ovat vain harhaa. Ja tämä kirja kertoo siitä, miten tuosta harhasta voi hetkit-täin irrottautua, jolloin sisäinen tietoisuus totuudesta voi loistaa. Ja tuolloin harhamaailma väistyy ja olemme yhtä tässä maailmankaikkeudessa. Ja on myös aika, joka on nyt alkanut ja se on rauhan ja rakkauden aika. Ja teistä jokainen voi tuon rauhan ja rakkauden ajan jo sydämes-sään tuntea, joten perehtymällä tähän kirjaan voit saada sydämeesi rauhan ja rakkauden tunteen, joka on jokai-sen sielun syvin olemus.

61

Karmen Shi Englan

Rauhan ja Rakkauden meditaatio
Kanavoitu Äiti Marialta

Tämä CD on meditaatio, jonka on Äiti Maria kanavoinut Karmen Shi Englanin kautta teidän ihmisten käytettäväksi. Tämä CD-meditaatio on rauhan ja rakkauden meditaatio, joka puhdistaa teidät sekä fyysisesti että psyykkisesti. Eli teidän sielunne valo puhdistuu egon harhojen negatiivisista ajatuskuvioista. Ja tällöin myös teidän fyysinen terveytenne tulee paremmaksi, koska kaikki kehon kivut ja vaivat ovat lähtöisin ajatusmaailmasta joko tästä elämästä tai aiemmista. Joten tämän meditaation avulla voit tervehtyä sairauksista. Ja sen avulla voit osata valita elämässä paremmin oikeita valintoja, sillä elämässä tehdään joka hetki valintoja. Ja jos halutaan tehdä rakkaudellisia valintoja, niin silloin sydämen tulisi olla puhdas ja loistava. Ja tämän meditaation avulla sydämesi valo tulee loistamaan jopa niin, että ympärillä olevat ihmisetkin saavat siitä osansa.

Joten nauti tämän CD:n tuomasta rauhasta ja rakkauden tunteesta!

Terveisin elämänohjeita jakava Äiti Maria
oma rakas suojelusenkelinne.

BioforceCenter
association ry

BioforceCenter association ry
on rekisteröity yhdistys,
jonka tarkoituksena on
henkisten kirjoituksien, elämänohjeiden,
energiahoitojen ja taiteen kanavoiminen
rajantakaisilta auttajilta.

Kirjoja ja CD-levyjä myydään
BioforceCenter association ry:n toimesta
sekä myös monissa kirjakaupoissa
sekä internet kirjamyynnissä.

www.bioforcecenter.net